COMPRENDRE LA VIE CHRÉTIENNE VOL.1

L'importance de la connaissance
dans le royaume de cieux

Hanta ILIKU

Comprendre la vie chrétienne Vol.1
L'importance de la connaissance
dans le royaume de cieux
©Hanta ILIKU, Mars 2023
ISBN : 978-2-958-7227-0-8
Tous droits réservés

SOMMAIRE

Le livre
de Jean au
chapitre 17
et au verset
3 nous
donne la
définition
même
de la vie
éternelle

MESSAGE D'INTRODUCTION

Daniel 11:30
Il séduira par des flatteries les traites de l'alliance. Mais ceux du peuple qui connaitront leur Dieu agiront avec fermeté.

La volonté de Dieu est que tout homme soit être sauvé et qu'il parvienne à la connaissance de la vérité

Jean 3:16
Car Dieu a tant aimé le monde qu'il a donné son Fils unique, afin que quiconque croit en lui ne périsse point, mais qu'il ait la vie éternelle.

Le don gratuit de Dieu c'est la vie eternelle en Jesus Christ notre seigneur

La vie éternelle est le but du plan de la rédemption de Dieu pour les hommes. Dans le processus de l'obtention de la vie éternelle par l'homme sur la terre la notion de connaissance de Dieu est primordiale.

La connaissance de Dieu est une notion spirituelle dans le royaume de Dieu très importante. Le but même de la vie spirituelle est lié à cette notion de connaissance.

Nous avons été appelle à venir auprès du père par la foi en Jésus pour l'obtention de la vie éternelle, or la vie éternelle ce qu'il te connaissent toi le seul vrai Dieu et celui que tu as envoyé Jésus christ (Jean 17 : 3)

Le livre de Jean au chapitre 17 et au verset 3 nous donne la définition même de la vie éternelle et il dit que la vie éternelle est la connaissance de l'éternel comme étant le seul vrai Dieu et celui qu'il a envoyé Jésus christ.

Nous pouvons donc conclure que la connaissance de Dieu comme le seul vrai Dieu et de Jésus christ c'est cela la vie éternelle. Il s'agit là de la première notion que nous devons retenir dans ce message introductif.

Lorsque Dieu utilise le mot vie ici on parle de la vie véritable la zoé en grec (Traduction du mot vie dans la bible en grec), Lorsque nous acceptons par la foi Jésus christ en tant que notre sauveur cela nous donne accès à la vie de Dieu en Jésus christ qui est appelle la zoé ou la vie éternelle , cette vie vient en nous sous forme de graine et elle se développe au moyen de la connaissance . On ne peut pas vivre cette vie sans la connaissance de Dieu.

1Pierre1:3
Comme sa divine puissance nous a donné tout ce qui contribue à la vie et à la piété, au moyen de la connaissance de celui qui nous a appelés par sa propre gloire et par sa vertu,

1Pierre1:3(version-semeur)
Par sa puissance, en effet, Dieu nous a donné tout ce qu'il faut pour vivre dans l'attachement au Seigneur, en nous faisant connaître celui qui nous a appelés par la manifestation de sa propre gloire et l'intervention de sa force.

L' épitre de Pierre nous confirme cette vérité que tout ce qui est de vivre cette vie zoé nous a été donné par le moyen de la connaissance de celui qui a appelle.

Nous comprenons alors la vie éternelle n'est pas juste un ticket d'entrée au paradis après la mort mais c'est une puissance de vie qui doit commencer à se manifester en nous pendant que nous sommes encore dans notre corps mortel et en pèlerinage sur la terre au moyen de la connaissance de Dieu et de Jésus christ.

La seconde épitre de Pierre au chapitre 1, verset 1-11   nous renseigne sur la liaison entre la vie éternelle et la vie terrestre que nous avons à vivre, en effet ce passage nous révèle que tout ce qui est lié à la vie et à la pitié nous a été donné par le moyen de la connaissance, et c'est ainsi que l'entrée dans le royaume éternel de notre seigneur Jésus christ nous sera pleinement accordé.

Le manque de connaissance conduit à la destruction

Osée4:6
Oui, mon peuple périt faute de connaissance parce que vous, les prêtres, vous avez rejeté la connaissance. Je vous rejetterai et vous ne serez plus mes prêtres. Vous avez oublié la Loi de votre Dieu ; moi aussi, à mon tour, j'oublierai vos enfants.

L'importance de la connaissance est confortée par la parole de Dieu, le manque de la connaissance produit la destruction dans la vie du peuple de Dieu. Alors pour ne pas périr en tant que peuple nous devons recherche la connaissance de Dieu, pour les serviteurs de Dieu cette notion est d'autant plus important qu'ils sont appellés par Dieu pour transmettre cette connaissance,

Il s'agit d'une stratégie du diable que d'introduire parmi le peuple de DIEU les faux docteurs qui ne transmettent pas la parole de vérité de Dieu afin que le peuple de Dieu puisse périr. Cette stratégie a débuté depuis le temps du seigneur Jésus- christ.

Luc 11 :52
Malheur à vous, docteurs de la loi ! parce que vous avez enlevé la clef de la science ; vous n'êtes pas entrés vous-mêmes, et vous avez empêché d'entrer ceux qui le voulaient.

Mais gloire au seigneur car il a dit dans l'évangile :

Matthieu 16 :18-19
Et moi, je te dis que tu es Pierre, et que sur cette pierre je bâtirai mon Eglise, et que les portes du séjour des morts
ne prévaudront point contre elle.
19 Je te donnerai les clefs du royaume des cieux : ce que tu lieras sur la terre sera lié dans les cieux, et ce que tu délieras sur la terre sera délié dans les cieux.

Les portes du séjour de mort ne prélaveront point contre elle, les portes des séjours de mort ne prélaveront pas contre l'Eglise gloire à Jésus christ pour cela.

En contrepartie le seigneur nous donne les clés du royaume, et la connaissance est une clé majeure que le seigneur nous a donné.

Lorsque la clé de la connaissance est bien utilisée parmi le peuple de Dieu, Nous recevons au travers des écritures la première révélation importante l'existence sur la terre de deux types de vie : La vie de Dieu qui habite dans les chrétiens et la vie des païens qui habite dans les non chrétiens. E n fonction de la vie qui habite en nous nous aurons des priorités, des habitudes et des attitudes différentes.

CHAPITRE 01

LA VIE DE DIEU ET LA VIE DES PAIENS

1.Les Deux types de vie : La vie des païens et la vie Dieu

Nous devons savoir que sur la terre, il y a deux types de vie qui cohabite, la vie de Dieu et la vie de paien.

La vie éternelle commence sur la terre lorsque Nous naissons de nouveau de l'Esprit de Dieu, Dieu dépose en nous la semence de la vie éternelle et notre parcours de vie permet à cette vie de grandir et de se manifester dans tous les aspects de notre vie….

Matthieu
6:25-32
C'est pourquoi je vous dis : Ne vous inquiétez pas pour votre vie de ce que vous mangerez, ni pour votre corps, de quoi vous serez vêtus. La vie n'est-elle pas plus que la nourriture, et le corps plus que le vêtement ?

26 Regardez les oiseaux du ciel : ils ne sèment ni ne moissonnent, et ils n'amassent rien dans des greniers ; et votre Père céleste les nourrit. N'allez-vous pas beaucoup plus qu'eux ?

27 Qui de vous, par ses inquiétudes, peut ajouter une coudée à la durée de sa vie ?

28 Et pourquoi vous inquiéter au sujet du vêtement ? Considérez comment croissent les lis des champs : ils ne travaillent ni ne filent ;

29 cependant je vous dis que Salomon même, dans toute sa gloire, n'a pas été vêtu comme l'un d'eux.

30 Si Dieu revêt ainsi l'herbe des champs, qui existe aujourd'hui et qui demain sera jetée au four, ne vous vêtira-t-il pas à plus forte raison, gens de peu de foi ?

31 Ne vous inquiétez donc point, et ne dites pas : Que mangerons-nous ? que boirons-nous ? de quoi serons-nous vêtus ?

32 Car toutes ces choses, ce sont les païens qui les recherchent. Votre Père céleste sait que vous en avez besoin

Nous ne devons plus vivre ou marcher comme des païens...

Nous avons en nous la vie de Dieu, la zoé...

Dans les païens il y a un type de vie qui est la psuche en grec, la vie matérielle, une vie dont la priorité est la satisfaction des besoins matérielles.
La bible nous dit ses choses ce sont les païens qui les cherchent

Ephésiens 4 : 18-20
Voici donc ce que je dis et ce que je déclare dans le Seigneur, c'est que vous ne devez plus marcher comme les païens, qui marchent selon la vanité de leurs pensées.
18 Ils ont l'intelligence obscurcie, ils sont étrangers à la vie de Dieu, à cause de l'ignorance qui est en eux, à cause de l'endurcissement de leur cœur.
19 Ayant perdu tout sentiment, ils se sont livrés à la dissolution, pour commettre toute espèce d'impureté jointe à la cupidité.
20 Mais vous, ce n'est pas ainsi que vous avez appris Christ

Ephésiens 4 :18-20 (Version Semeur)
17 Voici donc ce que je vous dis, ce que je vous déclare au nom du Seigneur : vous ne devez plus vivre comme les païens, qui suivent leurs pensées vides de sens.
18 Ils ont, en effet, l'intelligence obscurcie et sont étrangers à la vie que Dieu donne, à cause de l'ignorance qui est en eux et qui provient de l'endurcissement de leur cœur.
19 Ayant perdu tout sens moral, ils se sont livrés à l'inconduite pour se jeter avec frénésie dans toutes sortes de vices.
20 Mais vous, ce n'est pas ainsi que vous avez appris ce que signifie pour vous le Christ,

La bible nous dit que nous ne devons plus vivre ou marcher comme des païens qui suivent leur pensée car ils n'ont pas la vie de Dieu en eux.
La mise en évidence de l'existence de deux types de vie dans la parole de Dieu.

Ephésiens 4 : 21-24 (Version semeur)
puisque vous avez compris ce qu'il est et qu'on vous a enseigné, à vous qui êtes chrétiens, ce qui est conforme à la vérité qui est en Jésus.
22 Cela consiste à vous débarrasser de votre ancienne manière de vivre, celle de l'homme que vous étiez autrefois, et que les désirs trompeurs mènent à la ruine,

23 à être renouvelés par le changement de ce qui oriente votre pensée,
24 et à vous revêtir de l'homme nouveau, créé conformément à la pensée de Dieu, pour mener la vie juste et sainte que produit la vérité.

L'opposition des deux types de vie est claire dans ce passage.

En tant que chrétien nous avons la vie physique mais nous avons aussi en nous la vie de Dieu, ce que on appelle la zoé ou la vie supérieur, la vie véritable.

2-Pourquoi les païens ont ce type de vie

Le père céleste nous donne la raison pour laquelle les païens ont cette vie-là :

Romains 1 : 28
Comme ils ne se sont pas souciés de connaître Dieu, Dieu les a livrés à leur sens réprouvé, pour commettre des choses indignes,

Le manque de connaissance de Dieu entraine l'homme a manifesté une vie autre que celle que Dieu nous a donné à vivre par Jésus christ notre sauveur, seigneur et roi.

2 Pierre 1 : 5
Pour cette raison même, faites tous vos efforts pour ajouter à votre foi la force de caractère, à la force de caractère la connaissance,
6 à la connaissance la maîtrise de soi, à la maîtrise de soi l'endurance dans l'épreuve, à l'endurance l'attachement à Dieu,
7 à cet attachement l'affection fraternelle, et à l'affection fraternelle l'amour.
8 Car si vous possédez ces qualités, et si elles grandissent sans cesse en vous, elles vous rendront actifs et vous permettront de connaître toujours mieux notre Seigneur Jésus-Christ.
9 Car celui à qui elles font défaut est comme un aveugle, il ne voit pas clair. Il a oublié qu'il a été purifié de ses péchés d'autrefois.

Conclusion

Nous avons vu que la vie éternelle est la connaissance de l'Eternel en tant que le seul vrai Dieu et de Jésus christ celui qu'il a envoyé. Nous devons noter que la vie éternelle n'est pas juste une chose que on obtient lors de notre mort mais c'est une vie que nous devons vivre dès maintenant lors de notre pèlerinage sur la terre. La bible nomme cette vie la vie de Dieu, cette vie est distincte de la vie des païens.

Les priorités, les attitudes et habitudes dépendent du type de vie que nous vivons sur la terre.

En tant que chrétien nous avons la vie physique mais aussi la vie de Dieu ou la vie supérieure. celle-ci à aussi ses priorités et son fonctionnement que nous verrons dans le chapitre deux du livre.

TABLEAU EXPLICATIF ANNEXE

	VIE DE DIEU	VIE DE PAIEN
	Nouvelle naissance par l'Esprit de Dieu	Naissance physique uniquement sur la terre
Origine	au moyen de la foi en Jesus Christ	
	suivant le plan de la redemption de Dieu	
Type de naissance	Naissance physique et spirituelle	Naissance physique uniquement
	Matthieu 6 : 33	Matthieu 6 : 25-32
Priorités	Le royaume et la justice de Dieu	Vetement, nourriture, maison etc...
Fondement de notre vie	La volonté de Dieu (la parole de Dieu)	Leurs propres pensées

vos péchés
vous sont
pardonnés à
cause de son
nom.

CHAPITRE 2

LE TABLEAU DE LA MATURITÉ SPIRITUELLE EN FONCTION DE LA CONNAISSANCE DE JÉSUS CHRIST

Nous avions vu qu'il existe deux types de vie, la vie de Dieu et la vie des païens, dans ce nouveau chapitre nous voudrions traiter du déroulement du vie de Dieu et des étapes de croissance par laquelle le chrétien passe afin d'arrivé au niveau de maturité décrit par Ephésiens 4 : 13

1-La connaissance, un facteur de la maturité spirituelle

La vie de Dieu en nous obéit à un processus de croissance comme cela est le cas dans notre vie physique. Cette croissance est liée à notre connaissance du Jésus christ de Nazareth. Ce niveau de connaissance nous donne notre niveau de maturité spirituelle.

En étant conscient de notre niveau de maturité spirituelle, cela facilite notre compréhension de la vie chrétienne.

1 Jean 2 12-14
12 -Je vous écris, petits-enfants, parce que vos péchés vous sont pardonnés à cause de son nom.
13 Je vous écris, pères, parce que vous avez connu celui qui est dès le commencement. Je vous écris, jeunes gens, parce que vous avez vaincu le malin. Je vous ai écrit, petits-enfants, parce que vous avez connu le Père.

14 Je vous ai écrit, pères, parce que vous avez connu celui qui est dès le commencement. Je vous ai écrit, jeunes gens, parce que vous êtes forts, et que la parole de Dieu demeure en vous, et que vous avez vaincu le malin.

Maturité spirituelle	Connaissance de Jesus Christ	Travail du saint-esprit	Niveau puissance du chrétien	Vie ZOE	Niveau d'intimité	Type de prière
1 Jean 2:12-14	Ephesiens 4: 13-14	Jean 16:8	Ezechiel 47	Romain 6: 3-4		Matt 7: 7
Enfant	SAUVEUR	Conviction du pêché	Pied	Crucifixion	Croyant	Demander
Jeune Gens (Fils de Dieu)	SAUVEUR	Conviction du justice	Genoux	Ensevelissement	Disciple	Rechercher
Père	ROI	Conviction du jugement	immerssion	Ressurection	Amis de Dieu (Jn 15:15)	Frapper

1-Un chrétien qui est un enfant possède une connaissance de Jésus christ en tant que sauveur, car le Saint Esprit l'a convaincu du péché, le péché comme le dit Jean 14 : 9 ce qu'ils n'ont pas cru en moi, son onction ou son niveau de puissance est à ses pieds c'est-à-dire qu'il a le pieds pour annoncer l'évangile (Qu'ils sont beau les pieds de ceux qui annonce la bonne nouvelle) notre capacité d'œuvrer pour Dieu est aussi fonction de notre niveau de maturité spirituelle.

Il mene une vie de crucifixion c'est à dire tout c qu'il a construit par ses propres pensées doit être détruit pour que le seigneur puisse mettre en exercice ses projets de bonheur afin de donner au chrétien de l'avenir et de l'espérance. Il est un croyant car il a cru en Jésus christ. Ses prières sont généralement centrées sur le demander. Demander et vous recevrez afin que votre choix soit parfait.

2-De même un chrétien qui a grandi est devenu un jeune gens ou fils, il connait Jésus christ en tant que seigneur, le Saint Esprit a réalisé un travail de conviction de justice, sa puissance est au niveau des Genoux, il devient alors un intercesseur, la vie de Dieu en lui est une vie de l'ensevelissement ; tout ce qui est à lui est enterré avec christ, ses désirs et autres passions
Il devient alors un disciple de christ,

Pourquoi m'appeler vous seigneur et vous ne faites pas ce que je vous dis. Dans ses prières il est au niveau de rechercher et plus simplement au niveau de demander.

3-Le chrétien qui a encore grandi et qui est devenu un père, il connait Jésus christ en tant que Roi, il a reçu une conviction du jugement de la part du Saint Esprit, le jugement est que le prince de ce monde est jugé, il comprend que Ce monde est dirigé par le diable et que Dieu nous a transporté dans le royaume du fils de son amour en qui nous avons la rédemption, la rémission des péchés, il a un niveau d'onction de l'immersion.

Ce travail de croissance est réalisé par le Saint Esprit qui fait un travail de conviction en fonction du niveau de connaissance que nous avons de Jésus christ.

Jean 16 : 8
Et quand il sera venu, il convaincra le monde
en ce qui concerne le péché, la justice, et le
jugement

A Chaque étape, le chrétien acquiert une certitude dans sa marche avec le seigneur Le Saint Esprit est celui qui contrôle et fait progresser le chrétien dans la croissance spirituelle.

1 Jean 2 :12-14
12 -Je vous écris, petits-enfants, parce que vos péchés vous sont pardonnés à cause de son nom.
13 Je vous écris, pères, parce que vous avez connu celui qui est dès le commencement. Je vous écris, jeunes gens, parce que vous avez vaincu le malin. Je vous ai écrit, petits-enfants, parce que vous avez connu le Père.

14 Je vous ai écrit, pères, parce que vous avez connu celui qui est dès le commencement. Je vous ai écrit, jeunes gens, parce que vous êtes forts, et que la parole de Dieu demeure en vous, et que vous avez vaincu le malin.

Dans ce passage de la parole de Dieu, le seigneur nous montre les 3 niveaux de maturité spirituelle du chrétien et comment le seigneur veut que nous puissions croitre. Ce processus de maturité spirituelle a été aussi appliqué à notre seigneur Jésus christ, dans le passage de Esaïe 9 : 5

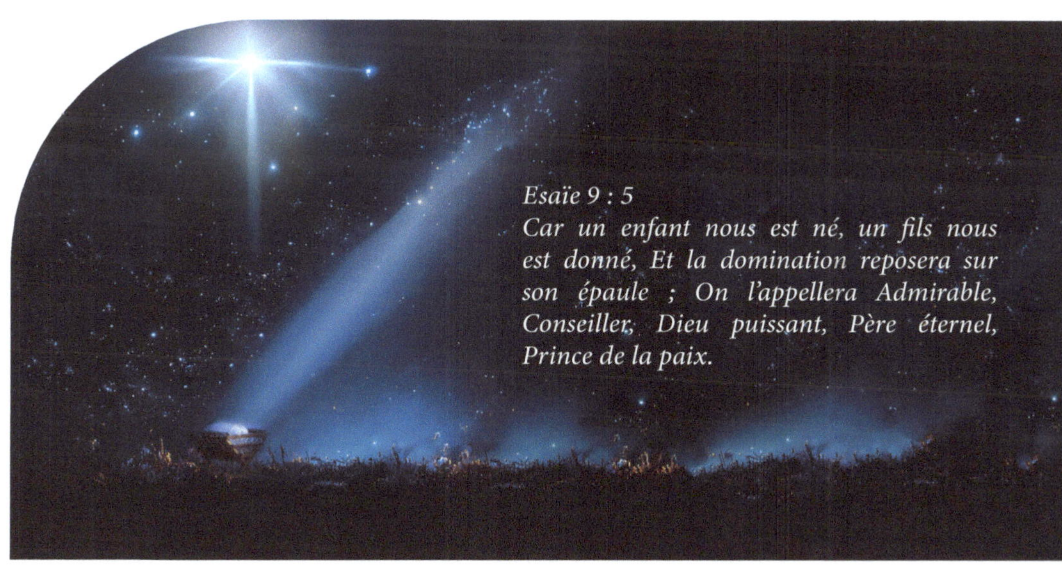

La bible nous dit qu'un enfant nous est né, un fils nous est donné, on l'appellera Admirable, Conseiller, Dieu puissant, Père éternel, Prince de la paix.
Notre seigneur Jésus christ a connu aussi une vraie croissance spirituelle jusqu'à la plénitude de Dieu

Passage relatif à l'enfant Jésus

Luc 2 : 39-40

39 Lorsqu'ils eurent accompli tout ce qu'ordonnait la loi du Seigneur, Joseph et Marie retournèrent en Galilée, à Nazareth, leur ville.

40 Or, l'enfant croissait et se fortifiait. Il était rempli de sagesse, et la grâce de Dieu était sur lui.

Passage relatif au fils de Dieu

Matthieu 3 : 7

17 Et voici, une voix fit entendre des cieux ces paroles : Celui-ci est mon Fils bien-aimé, en qui j'ai mis toute mon affection.

Marc 9 :7-8

7 Une nuée vint les couvrir, et de la nuée sortit une voix : Celui-ci est mon Fils bien-aimé : écoutez-le !

8 Aussitôt les disciples regardèrent tout autour, et ils ne virent que Jésus seul avec eux.

Passage relatif au roi

Jean 18 :36

36 Mon royaume n'est pas de ce monde, répondit Jésus. Si mon royaume était de ce monde, mes serviteurs auraient combattu pour moi afin que je ne fusse pas livré aux Juifs ; mais maintenant mon royaume n'est point d'ici-bas

Jean 18 :37

37 Pilate lui dit : Tu es donc roi ? Jésus répondit : Tu le dis, je suis roi. Je suis né et je suis venu dans le monde pour rendre témoignage à la vérité. Quiconque est de la vérité écoute ma voix

Luc 2 : 52

Et Jésus croissait en sagesse, en stature, et en grâce, devant Dieu et devant les hommes.

Les passages suivant nous montrent que le seigneur Jésus lui-même a connu la croissance spirituelle pour arriver à la maturité spirituelle.
La bible nous dit qu'il a fait de nous un royaume de sacrificateur à la gloire du père

Apocalypse 5 : 10
tu as fait d'eux un royaume et des sacrificateurs pour notre Dieu, et ils régneront sur la terre.

De même que notre seigneur a grandi pour devenir un roi, nous aussi nous devons grandir comme lui dans la connaissance de notre Dieu car la bible dit

Colossiens 3 : 10
10 et ayant revêtu l'homme nouveau, qui se renouvelle, dans la connaissance, selon l'image de celui qui l'a créé

Maintenant que nous avons exposé la nécessité de la connaissance dans le royaume des cieux, et son rôle dans notre croissance dans la vie de Dieu il nous faut savoir comment acquérir la connaissance

2-Comment obtenir la connaissance

Proverbes 2 : 6
6 Car l'Eternel donne la sagesse ; De sa bouche sortent la connaissance et l'intelligence.

La connaissance vient de Dieu, Dieu est la source de la connaissance.

Matthieu 14 : 21
Celui qui a mes commandements et qui les garde, c'est celui qui m'aime ; et celui qui m'aime sera aimé de mon Père, je l'aimerai, et je me ferai connaître à lui.

Le seigneur dit qu'il est la source de la connaissance mais l'obtention de celui-ci dépend de l'amour que nous avons pour Dieu, celui qui m'aime gardera mes commandements c'est celui qui m'aime, je l'aimerai et je me ferai connaitre à lui.

Dieu se fait connaitre à ceux qui garde ses commandements donc à ceux qui l'aime. Donc notre niveau de connaissance dépend de l'amour que nous avons pour Dieu.

celui qui m'aime sera aimer de mon Père,...

La bible nous parle du discernement des esprits.

CHAPITRE 3

LE DISCERNEMENT, UN ÉLÉMENT ESSENTIEL QU'APPORTE LA MATURITÉ SPIRITUELLE

Maturité spirituelle	Connaissance de Jesus Christ	Travail du saint-esprit	Niveau puissance du chrétien	Vie ZOE	Niveau d'intimité	Type de prière	Discernement
1 Jean 2:12-14	Ephesiens 4: 13-14	Jean 16:8	Ezechiel 47	Romain 6: 3-4		Matt 7: 7	
Enfant	SAUVEUR	Conviction du pêché	Pied	Crucifixion	Croyant	Demander	Bon
Jeune Gens (Fils de Dieu)	SAUVEUR	Conviction du justice	Genoux	Ensevelissement	Disciple	Rechercher	Agréable
Père	ROI	Conviction du jugement	immerssion	Ressurection	Amis de Dieu (Jn 15:15)	Frapper	Parfait

Le discernement est l'aspect pratique de la connaissance de Dieu. La connaissance de Dieu nous amené à commencer à discerner la volonté de Dieu pour notre vie, ensuite pour l'Eglise.

LA BIBLE DÉFINIT DEUX TYPES DE DISCERNEMENT :

1-Le discernement des esprits

1 corinthiens 12 : 10
à un autre, le don d'opérer des miracles ; à un autre, la prophétie ; à un autre, le discernement des esprits ; à un autre, la diversité des langues ; à un autre, l'interprétation des langues.

Ici la bible nous parle du discernement des esprits, qui est un don donné par Dieu, ce don nous permet de connaitre les esprits méchants et de distinguer l'Esprit de vérité de l'esprit de L'erreur

1Jean 4 :6
Nous, nous sommes de Dieu ; celui qui connaît Dieu nous écoute ; celui qui n'est pas de Dieu ne nous écoute pas : c'est par là que nous connaissons l'esprit de la vérité et l'esprit de l'erreur.

2- Le discernement des choses

Philippiens 1 : 9-10
*Et ce que je demande dans mes prières, c'est
que votre amour augmente de plus en plus
en connaissance et en pleine intelligence
pour le discernement des choses les
meilleures, afin que vous soyez purs et
irréprochables pour le jour de Christ.*

Nous allons étudier le discernement des choses ici qui est lié au niveau de la maturité spirituelle. Ce que nous voulons discerner c'est la volonté de Dieu pour tous les domaines de notre vie.

Romains 12 : 2
*2-Ne vous conformez pas au siècle
présent, mais soyez transformés par le
renouvellement de l'intelligence, afin que
vous discerniez quelle est la volonté de Dieu,
ce qui est bon, agréable et parfait.*

Le discernement des choses est nécessaire pour nous afin que nous puissions discerner la volonté de Dieu.

COMPRENDRE LE DISCERNEMENT EN FONCTION DE LA MATURITÉ SPIRITUELLE

1-Lorsqu'un chrétien est un enfant, il connait Jésus christ en tant que sauveur, et son niveau de discernement est de ce qui est bon

Nous devons définir ce qui est bon selon la parole ?

Romains 7:12
*La loi donc est sainte, et le commandement
est saint, juste et bon.*

L'enfant spirituelle distingue ce qui est bon, ce qui est bon c'est le commandement, la loi de Dieu. L'enfant spirituelle passe son temps à vérifier s'il a bien fait ce que dit la loi de Dieu, tu ne mentiras pas, tu ne tueras pas. Il veille beaucoup sur ses péchés et parfois il est découragé en voyant combien il pèche encore après sa conversion. Car il ne sait pas qu'il lui faut l'aide du Saint Esprit pour marcher d'une manière digne du seigneur.

2-Après que l'enfant grandit, il devient jeune gens et connait Jésus christ comme le seigneur, il commence à discerner ce qui est agréable à Dieu

1Timothée2:1-3
J'exhorte donc, avant toutes choses, à faire des prières, des supplications, des requêtes, des actions de grâces, pour tous les hommes, pour les rois et pour tous ceux qui sont élevés en dignité, afin que nous menions une vie paisible et tranquille, en toute piété et honnêteté. 3 Cela est bon et agréable devant Dieu notre Sauveur.

Le jeune gens cherche à faire des choses agréables à Dieu.

Hébreux13:20-21
Le Dieu de la paix a ramené d'entre les morts notre Seigneur Jésus, devenu le grand berger des brebis grâce au sang d'une alliance éternelle. 21 Qu'il vous rende capables de toute bonne oeuvre pour l'accomplissement de sa volonté, qu'il fasse en vous ce qui lui est agréable par Jésus-Christ, à qui soit la gloire aux siècles des siècles ! Amen !

Matth5:44-48
Vous avez appris qu'il a été dit : Tu aimeras ton prochain, et tu haïras ton ennemi. 44 Mais moi, je vous dis : Aimez vos ennemis, bénissez ceux qui vous maudissent, faites du bien à ceux qui vous haïssent, et priez pour ceux qui vous maltraitent et qui vous persécutent, 45 afin que vous soyez fils de votre Père qui est dans les cieux ; car il fait lever son soleil sur les méchants et sur les bons, et il fait pleuvoir sur les justes et sur les injustes.
46 Si vous aimez ceux qui vous aiment, quelle récompense méritez-vous ? Les publicains aussi n'agissent-ils pas de même ? 47 Et si vous saluez seulement vos frères, que faites-vous d'extraordinaire ? Les païens aussi n'agissent-ils pas de même ? 48 Soyez donc parfaits, comme votre Père céleste est parfait.

Matthieu19:16-23
16 Et voici, un homme s'approcha, et dit à Jésus : Maître, que dois-je faire de bon pour avoir la vie éternelle ?
17 Il lui répondit : Pourquoi m'interroges-tu sur ce qui est bon ? Un seul est le bon. Si tu veux entrer dans la vie, observe les commandements.
18 Lesquels ? lui dit-il. Et Jésus répondit : Tu ne tueras point ; tu ne commettras point d'adultère ; tu ne déroberas point ; tu ne diras point de faux témoignage ; 19 honore ton père et ta mère ; et : tu aimeras ton prochain comme toi-même .
20 Le jeune homme lui dit : J'ai observé toutes ces choses ; que me manque-t-il encore ?
21 Jésus lui dit : Si tu veux être parfait, va, vends ce que tu possèdes, donne le aux pauvres, et tu auras un trésor dans le ciel. Puis viens, et suis-moi. 22 Après avoir entendu ces paroles, le jeune homme s'en alla tout triste ; car il avait de grands biens. 23 Jésus dit à ses disciples : Je vous le dis en vérité, un riche entrera difficilement dans le royaume des cieux.

Jacques 3 :2
Nous bronchons tous de plusieurs manières. Si quelqu'un ne bronche point en paroles, c'est un homme parfait, capable de tenir tout son corps en bride.

Colossiens1:28
28 C'est lui que nous annonçons, exhortant tout homme, et instruisant tout homme en toute sagesse, afin de présenter à Dieu tout homme, devenu parfait en Christ.
Exemple du rôle du discernement dans la croissance spirituelle.

Ici le seigneur Jésus christ nous présente un jeune homme qui est un enfant spirituel ; il appelle le seigneur bon maitre car il a le niveau de discernement de ce qui est bon, la loi.

Comment puis je faire pour obtenir la vie éternelle, le seigneur lui dit fait ce qui est bon, observe la loi c'est-à-dire commence par le commencement en étant un enfant.

Il a répondu qu'il le faisait, le seigneur lui demande tu veux avoir accès au sommet de la maturité spirituelle, veux-tu être parfait ? vends ce que tu as et donne au pauvre et suis-moi. Le jeune n'a pas pu car il ne se sentait pas pauvre en esprit ; il accomplissait déjà ce qui est bon, pourquoi faire plus et perdre les biens matériels.

Son attachement au choses charnels, lui amené à la mort

Romains 8 : 6
Et l'affection de la chair, c'est la mort, tandis
que l'affection de l'esprit, c'est la vie et la paix
;

Le jeune homme riche n'a pas discerné ce que le seigneur lui demandait de faire et ce que le seigneur lui proposait d'obtenir en contrepartie de la richesse physique qu'il avait.

Notre niveau de maturité spirituelle nous donne aussi un niveau de discernement de la volonté de Dieu dans nos vies.

Le discernement nous permet de discerner la volonté de Dieu. Le seigneur nous veut mature afin que nous puissions faire sa volonté dans notre vie, être un acteur pratique dans son royaume.

Et le monde passe, et sa convoitise aussi; mais celui qui fait la volonté de Dieu demeure éternellement.

CHAPITRE 4

L'AMOUR, UNE UNITÉ DE MESURE DE NOTRE MATURITÉ SPIRITUELLE

Maturité spirituelle	Connaissance de Jesus Christ	Travail du saint-esprit	Niveau puissance du chrétien	Vie ZOE	Niveau d'intimité	Type de prière
1 Jean 2:12-14	Ephesiens 4: 13-14	Jean 16:8	Ezechiel 47	Romain 6: 3-4		Matt 7: 7
Enfant	SAUVEUR	Conviction du pêché	Pied	Crucifixion	Croyant	Demander
Jeune Gens (Fils de Dieu)	SAUVEUR	Conviction du justice	Genoux	Ensevelissement	Disciple	Rechercher
Père	ROI	Conviction du jugement	immerssion	Ressurection	Amis de Dieu (Jn 15:15)	Frapper

Discernement	Niveau d'amour
Rom 12: 1-3	
Bon	Amour de Dieu Amour du prochain
Agréable	Crainte de Dieu
Parfait	Amour du père

Nous avons vu que notre niveau d'accès à la connaissance de Dieu dépend de notre amour pour Dieu.

Jean 14 : 21
Celui qui a mes commandements et qui les garde, c'est celui qui m'aime ; et celui qui m'aime sera aimé de mon Père, je l'aimerai, et je me ferai connaître à lui.

La parole de Dieu, nous montre qu'il se fait connaitre à celui qui l'aime et plus nous avançons dans la maturité spirituelle, notre amour pour Dieu grandit aussi et change de forme

Philippiens 1 :9- 10
9 Et ce que je demande dans mes prières, c'est que votre amour augmente de plus en plus en connaissance et en pleine intelligence. 10 pour le discernement des choses les meilleures, afin que vous soyez purs et irréprochables pour le jour de Christ.

Nous allons étudier la notion d'amour dans le cadre de la maturité spirituelle.

1-Les caractéristiques de l'enfant spirituelle et la notion de l'amour dans sa marche chrétienne

Romains 7 :12
12 La loi donc est sainte, et le commandement est saint, juste et bon.

Nous avons défini que l'enfant spirituelle avait un discernement de celui était bon c'est-à-dire de la loi, le commandement de Dieu.

1 Jean 3 :7-8
7 Petits enfants, que personne ne vous séduise. Celui qui pratique la justice est juste, comme lui-même est juste.
8 Celui qui pèche est du diable, car le diable pèche dès le commencement. Le Fils de Dieu a paru afin de détruire les oeuvres du diable.

L'enfant spirituel veut accomplir la loi, le livre de romains dit que l'amour c'est l'accomplissement de la loi.

Matthieu 22 :36-40
36 Maître, quel est le plus grand commandement de la loi ?
37 Jésus lui répondit : Tu aimeras le Seigneur, ton Dieu, de tout ton cœur, de toute ton âme, et de toute ta pensée.
38 C'est le premier et le plus grand commandement.
39 Et voici le second, qui lui est semblable : Tu aimeras ton prochain comme toi-même.
40 De ces deux commandements dépendent toute la loi et les prophètes.
1Jean 5 :2-3
Nous connaissons que nous aimons les enfants de Dieu, lorsque nous aimons Dieu, et que nous pratiquons ses commandements.
3 Car l'amour de Dieu consiste à garder ses commandements. Et ses commandements ne sont pas pénibles,

1 Pierre 1 :22
Ayant purifié vos âmes en obéissant à la vérité pour avoir un amour fraternel sincère, aimez-vous ardemment les uns les autres, de tout votre cœur,

L'amour du prochain est un processus qui vient avec l'obéissance à la parole de vérité. Une personne qui n'obéit pas à la parole de vérité ne peut pas manifester l'amour du prochain et par conséquent conformément la parole de vérité ne peut pas atteindre le second palier en devenant jeune gens qui est un disciple de Jésus christ.

Jean 13 : 35
A ceci tous connaîtront que vous êtes mes disciples, si vous avez de l'amour les uns pour les autres.

La marche dans l'amour par l'obéissance à la parole de vérité est la clé pour l'accession au second palier de la maturité spirituelle du point de vue de l'amour.

2-Les caractéristiques du jeune gens (disciple de christ) et la notion de l'amour dans sa marche chrétienne

1 Jean 2 : 12-14
Dans la description du jeune gens dans ce passage, la bible nous donne deux informations : Le jeune est fort parce qu'il a vaincu le malin et la parole de Dieu demeure en lui
En termes de discernement, le jeune gens cherche dans la prière ce qui est agréable à Dieu.

Dans le cadre de la cherche de ce qui est agréable le jeune gens comprends qu'il y a un élément qu'il doit possède pour sa marche

Hébreux 11 : 6
Or sans la foi il est impossible de lui être agréable ; car il faut que celui qui s'approche de Dieu croie que Dieu existe, et qu'il est le rémunérateur de ceux qui le cherchent.

Sans la foi on ne peut pas être agréable à Dieu, cet élément que le jeune gens doit posséder c'est la foi.
Et à son niveau de prière qui est la recherche la bible dit il faut qu'il croie que Dieu est et qu'il est le rémunérateur de ceux qui le cherchent.
Le jeune gens possède la parole de Dieu en lui, en cherchant ce qui est agréable à Dieu, il fait ce que proverbes 14 :2

Proverbes 14 :2
Celui qui marche dans la droiture craint l'Eternel, Mais celui qui prend des voies tortueuses le méprise.

En marchant dans la droiture le jeune gens craint Dieu. La crainte de Dieu
La crainte de Dieu est une forme d'amour pour Dieu.

Cette marche dans la crainte de Dieu amené les jeunes gens à acquérir un nouveau niveau de la maturité spirituelle

Psaumes 25 : 14
14 L'amitié de l'Eternel est pour ceux qui le craignent, Et son alliance leur donne instruction.

En craignant Dieu, le jeune gens devient l'amis de Dieu donc il accède au niveau du père

Le père connait le seigneur Jésus christ en tant que roi, il discerne ce qui est parfait dans la volonté de Dieu, le seigneur dit   dans

Jean 15 :15
Je ne vous appelle plus serviteurs, parce que le serviteur ne sait pas ce que fait son maître ; mais je vous ai appelés amis, parce que je vous ai fait connaître tout ce que j'ai appris de mon Père.

Lorsque nous sommes appelle amis de Dieu le seigneur nous montre tout ce qu'il apprit du père, et parmi ses choses, il y a l'amour du père qui est différent de l'amour de Dieu.

1 Jean 2 : 15-17
N'aimez point le monde, ni les choses qui sont dans le monde. Si quelqu'un aime le monde, l'amour du Père n'est point en lui ;
16 car tout ce qui est dans le monde, la convoitise de la chair, la convoitise des yeux, et l'orgueil de la vie, ne vient point du Père, mais vient du monde.
17 Et le monde passe, et sa convoitise aussi; mais celui qui fait la volonté de Dieu demeure éternellement.

Dans ce niveau de la maturité spirituelle, nous savons que le monde est gouverné par le diable et que le signeur Jésus christ est le roi de gloire. Dans ce cas le père en termes de maturité spirituelle manifeste l'amour du père

Jacques 4 : 4
4 Adultères que vous êtes ! ne savez-vous pas que l'amour du monde est inimitié contre Dieu ? Celui donc qui veut être ami du monde se rend ennemi de Dieu.

1 Thessaloniciens 2 :10-13
et avec toutes les séductions de l'iniquité pour ceux qui périssent parce qu'ils n'ont pas reçu l'amour de la vérité pour être sauvés.
11 Aussi Dieu leur envoie une puissance d'égarement, pour qu'ils croient au mensonge,
12 afin que tous ceux qui n'ont pas cru à la vérité, mais qui ont pris plaisir à l'injustice, soient condamnés.
13 C'est pourquoi nous rendons continuellement grâces à Dieu de ce qu'en recevant la parole de Dieu, que nous vous avons fait entendre, vous l'avez reçue, non comme la parole des hommes, mais, ainsi qu'elle l'est véritablement, comme la parole de Dieu, qui agit en vous qui croyez.

L'amour du père est l'amour de la vérité

L'amour du père est l'amour de la vérité, dans ce temps de la fin l'amour de vérité est essentiel pour tout chrétien afin que la puissance de la séduction de l'ennemi ne l'empêche pas d'être pris lors de l'enlèvement de l'eglise (Epouse de christ)

Je ne vous
appelle plus
serviteurs,
...mais je
vous ai
appelés amis

LA CONNAISSANCE NOUS DONNE LA MATURITÉ SPIRITUELLE EN VUE DE L'OBTENTION DE LA VIE ÉTERNELLE AU TERME DE NOTRE PÈLERINAGE TERRESTRE

Discernement	Niveau d'amour	Ce qui est eternelle	Notion de Trinité
Bon	Amour de Dieu Amour du prochain	L'Amour	Saint Esprit
Agréable	Crainte de Dieu	La foi	Le fils
Parfait	Amour du père	L'esperance	Père

Résumé de l'enseignement

La connaissance de Dieu est la vie éternelle selon Jean 17 : 3, lorsque vous venez à Jésus christ, le seigneur nous donne une vie nouvelle qui est la vie de Dieu (Ephésiens 5 :) , le progrès dans cette nouvelle vie est fonction de la connaissance de Dieu que nous avons ou du niveau de la vie éternelle que nous avons en nous ,   on appelle cela la maturité spirituelle . La maturité est de 3 types : enfant, jeune gens et père. De ces niveaux dépendent notre niveau de discernement, d'amour, d'intimité avec Dieu.

A chaque étape, nous acquérions un élément de l'éternité afin de nous permettre d'avoir la plénitude de Dieu au cours de notre parcours et d'entrer dans la gloire au dernier jour si christ ne reviens pas

1 Corinth 13 : 13
Maintenant donc ces trois choses demeurent : la foi, l'espérance, la charité ; mais la plus grande de ces choses, c'est la charité.

En étudions le tableau de la maturité spirituelle nous avons vu qu'au cours de notre parcours le seigneur nous permet d'avoir un des 3 éléments cités dans le livre de Corinth 13 :13

1-L'enfant spirituelle possède ce que on appelle l'amour de Dieu

C'est le premier élément éternel que le seigneur nous donne de posséder : l'amour selon d'autre version

2-Le jeune gens au travers de sa recherche de ce qui est agréable à Dieu, devient propriétaire de la foi qui est l'élément qui le rend agréable à Dieu (Hébreux 11 :6)

2ème élément éternel que le seigneur nous permet de posséder au cours de notre parcours

3-Le père dans son amour de la vérité entre dans l'espérance de la vie éternelle

Tite 3 : 5-7
Il nous a sauvés, non à cause des œuvres de justice que nous aurions faites, mais selon sa miséricorde, par le baptême de la régénération et le renouvellement du Saint-Esprit,
6 qu'il a répandu sur nous avec abondance par Jésus-Christ notre Sauveur,
7 afin que, justifiés par sa grâce, nous devenions, en espérance, héritiers de la vie éternelle.

Un exemple de l'église de colosse auxquelles Paul écrivait en leur rappelant de posséder ses 3 éléments éternel qui est indispensable pour avoir accès à la vie de Dieu et à la vie éternelle au dernier jour.

Colossiens 1 : 3-6
Nous rendons grâces à Dieu, le Père de notre Seigneur Jésus-Christ, et nous ne cessons de prier pour vous,
4 ayant été informés de votre foi en Jésus-Christ et de votre charité pour tous les saints,
5 à cause de l'espérance qui vous est réservée dans les cieux, et que la parole de la vérité, la parole de l'Evangile vous a précédemment fait connaître
6 Il est au milieu de vous, et dans le monde entier; il porte des fruits, et il va grandissant, comme c'est aussi le cas parmi vous, depuis le jour où vous avez entendu et connu la grâce de Dieu conformément à la vérité,

L'eglise de colosse était une église mature possédant les éléments de l'éternité.

Cet élément éternel détermine la présence du Père, du fils et du Saint Esprit la trinité dans la vie du chrétien.

L'amour (Saint Esprit)
La foi (Le Fils)
L'espérance (Le père)

Jean 14 : 23
Jésus lui répondit : Si quelqu'un m'aime, il gardera ma parole, et mon Père l'aimera ; nous viendrons à lui, et nous ferons notre demeure chez lui.

Notre vie pratique ou matérielle dépend de notre niveau de connaissance de Dieu. Alors il est prioritaire de connaitre son niveau de maturité spirituelle et de travail avec le Saint Esprit pour l'atteinte des niveaux suivants.

1 Pierre 1:3-4
Comme sa divine puissance nous a donné tout ce qui contribue à la vie et à la piété, au moyen de la connaissance de celui qui nous a appelés par sa propre gloire et par sa vertu, 4 lesquelles nous assurent de sa part les plus grandes et les plus précieuses promesses, afin que par elles vous deveniez participants de la nature divine, en fuyant la corruption qui existe dans le monde par la convoitise,

Si
quelqu'un
m'aime,
il gardera
ma parole

LES ÉLÉMENTS COMPLÉMENTAIRES DU LIVRET

1-Comment gagner tous les combats de sa vie ?

Psaumes 103 : 7
Il a manifesté ses voies à Moïse, Ses œuvres aux enfants d'Israël.
La connaissance des voies de Dieu nous donne la supériorité sur toutes les nations car nous avons la possibilité de les mettre en pratique.   (Ecriture complémentaire Deut 28 : 1-3)

2-Comment entrer dans le royaume de Dieu ?

Jean 3 : 5
5 Jésus répondit : En vérité, en vérité, je te le dis, si un homme ne naît d'eau et d'Esprit, il ne peut entrer dans le royaume de Dieu.
L'entrée du royaume est conditionnée par la nouvelle naissance, les effets de cette entrée commencent dans notre vie sur la terre et se termine dans l'entrée dans le royaume éternel.

3-Comment être sûr de rechercher premièrement le royaume et de justice de Dieu ?

Romains 14 : 17
Car le royaume de Dieu, ce n'est pas le manger et le boire, mais la justice, la paix et la joie, par le Saint-Esprit.

2 Corinthiens 4 : 20
20 Car le royaume de Dieu ne consiste pas en paroles, mais en puissance.

Le royaume de Dieu a deux dimensions, la dimension intérieure et la dimension extérieure.

La dimension intérieure c'est la recherche du fruit de l'esprit : la joie la paix
La dimension extérieure c'est la manifestation de la puissance de Dieu   à travers des prodiges et des miracles. (Ecriture complémentaire : Galates 5 : 22-
Actes 1 : 8)

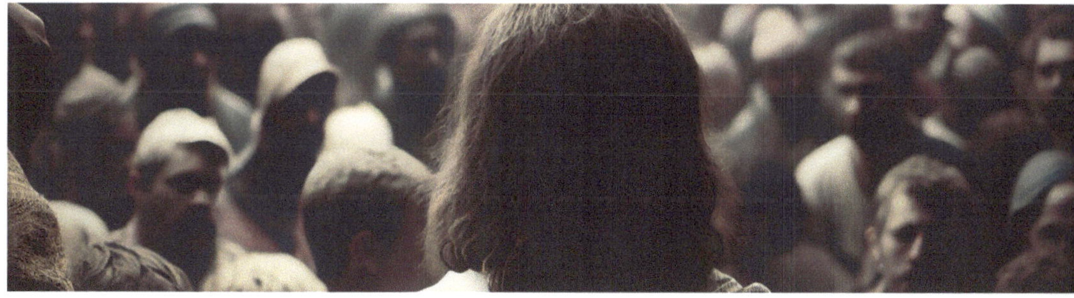

Cherchez premièrement le royaume et la justice de Dieu, c'est chercher les deux dimensions du royaume.